AF297528

LE LIVRE

DE TOUT LE MONDE

ou

MODÈLES

DE TOUTES SORTES DE SOUS-SEINGS RELATIFS AUX AFFAIRES
LES PLUS USUELLES DANS L'AGRICULTURE
LE COMMERCE ET L'INDUSTRIE

PAR P.-TH.-C. MARTIN

instituteur géomètre

PRIX : 75 Centimes.

TOURS

IMPRIMERIE RÉGIONALE, COUR DES PRÉS, 3

1872

LE LIVRE

DE TOUT LE MONDE

OU

MODÈLES

DE TOUTES SORTES DE SOUS-SEINGS RELATIFS AUX AFFAIRES
LES PLUS USUELLES DANS L'AGRICULTURE
LE COMMERCE ET L'INDUSTRIE

PAR P.-TH.-C. MARTIN

instituteur géomètre

AUTEUR DE L'IDÉOLOGIE

OU MÉTHODE POUR L'ENSEIGNEMENT DE LA LECTURE

TOURS

IMPRIMERIE RÉGIONALE, COUR DES PRÉS, 3

1872

LE LIVRE DE TOUT LE MONDE

C'est un Recueil de tous les modèles de sous-seings relatifs aux affaires les plus usuelles dans l'Agriculture, le Commerce et l'Industrie.

VOICI LES PRINCIPAUX ARTICLES DE CE LIVRE :

Quittances et Reçus de toutes espèces. — Reconnaissance. — Bail de maison. — Bail de terre ou Bail à ferme.— Prorogation de bail.—Désistement.—Congé réciproque. —Acceptation de congé.—Procuration de toutes sortes. —Devis et Marchés.—Échanges.—Achats et Ventes.— Cautionnement. — Billet simple. — Billet à ordre. — Traite ou Mandat de paiement. — Lettres de commerce. —Lettres de voiture. — Mémoires. — État de lieux. — État estimatif pour le paiement des droits de succession. —Engagement d'apprentissage.—Certificats.—Pétition ou Réclamation au sujet de l'impôt. — Demande d'alignement ou d'autorisation pour constructions et réparations.

MODÈLES

DE TOUTES SORTES DE SOUS-SEINGS

RELATIFS AUX AFFAIRES LES PLUS USUELLES

DANS

L'AGRICULTURE, LE COMMERCE ET L'INDUSTRIE

QUITTANCE DE LOYER.

Je reconnais avoir reçu de M. Durand, Julien, charron à Saumur, la somme de deux cents francs pour une année de loyer échue le vingt-cinq juin mil huit cent soixante-douze, suivant bail sous-seing privé en date du dix juin mil huit cent soixante-dix, relatif à la maison n° 6, rue du Pont, à Saumur, occupée par ledit Durand.

Saumur, le vingt-sept juin mil huit cent soixante-douze.

J. LEMAÎTRE-RENAULT.

REÇU.

Reçu de M. Laurent, cafetier à Sedan, la somme de trois cents francs à valoir sur cinq cents francs, suivant reconnaissance en date du cinq mars mil huit cent soixante-dix.

Sedan, le 21 juillet 1872.

GUIGNARD, *notaire.*

QUITTANCE.

Reçu de M. Dupuy, menuisier à Blois, la somme de cinquante francs soixante centimes pour solde de tout ce que je lui ai fourni en épiceries, depuis le dix juin mil huit cent soixante-dix, jusqu'au six mai mil huit cent soixante-douze.

Blois, le vingt juin mil huit cent soixante-douze.

RENOU, *épicier*.

REÇU D'A-COMPTE SUR MÉMOIRE.

Je reconnais avoir reçu de M. Duroc, maçon à Cléry, la somme de cent francs à compte sur la somme de trois cent dix francs qu'il me doit, suivant mon mémoire de fournitures de pierres vu et approuvé par ledit sieur Duroc, le quinze mai mil huit cent soixante-onze.

Orléans, le 15 juin 1872.

J. JANIN.

QUITTANCE DE BOULANGER.

Je reconnais avoir reçu de M. Perreau, tourneur à Chartres, la somme de cent vingt-cinq francs pour solde de toute la valeur du pain que je lui ai fourni depuis le dix janvier mil huit cent soixante-dix jusqu'au vingt-un mars mil huit soixante-douze.

Chartres, le six avril mil huit cent soixante-douze.

DUBLÉ, *boulanger à Chartres*.

QUITTANCE D'INTÉRÊTS.

Je reconnais avoir reçu de M. Jouan, sabotier à Saint-Amand, la somme de cent vingt francs pour six mois d'intérêts, échus le premier juillet présent mois, et qui m'étaient dûs aux termes d'une reconnaissance en date du premier juillet mil huit cent soixante-dix.

Saint-Amand, le quatre juillet mil huit cent soixante-douze.   RAOUL VENAULT, *notaire*.

QUITTANCE DE FERMAGE.

Je reconnais avoir reçu de M. Adolphe Semant, cultivateur à Gien, la somme de cinq cents francs pour six mois de fermage, échus le premier du présent mois, suivant bail sous-seing privé, en date du premier novembre mil huit cent soixante-six, relatif à la ferme des Grands-Champs.

Romainville, le trois mai mil huit cent soixante-douze.

BERNARDIN, *propriétaire*.

BILLET SIMPLE.

Le premier juillet prochain, je paierai à Monsieur Morant, marchand de grains à Ivry, la somme de trois cents francs que je lui dois pour cinquante hectolitres d'avoine qu'il m'a vendus et livrés, le six du courant, plus les intérêts à six pour cent l'an, à partir du quinze de ce mois.

Ivry, le dix mai mil huit cent soixante-douze.

ARNOULT. *marchand de chevaux*.

BILLET A ORDRE.

Paris, le 15 mai 1872. *Bon pour 500 francs.*

Au douze août prochain je paierai à M. Juliot, marchand de chevaux à Corbeil, où à son ordre, la somme de cinq cents francs, valeur reçue en marchandises.

JACQUEMIN, *aubergiste,*
rue des Champs-Élysées.

TRAITE OU MANDAT.

Orléans, le 15 mai 1872. *Bon pour 300 francs.*

Au trente juin prochain, il vous plaira payer à mon ordre la somme de trois cents francs, valeur en marchandises que vous passerez en compte, suivant l'avis de votre dévoué.

ROBERT, *marchand de meubles.*
A Monsieur BESNARD, *rue Saint-Honoré*, 6.
rue de la Harpe, 10, *à Paris.*

RECONNAISSANCE.

Je soussigné Joseph Petit, vigneron, demeurant à Joué, près Tours (Indre-et-Loire), reconnais devoir à Monsieur René Corbon, propriétaire à Tours, la somme *de mille francs* qu'il m'a prêtée aujourd'hui, et que je promets lui rembourser le premier décembre prochain, avec les intérêts à raison de cinq pour cent l'an, à partir de ce jour.

Fait à Tours, le quatorze mai mil huit cent soixante-douze.

J. PETIT.

RECONNAISSANCE SOLIDAIRE
DU MARI ET DE LA FEMME.

Nous soussignés Louis Desvaux, cordonnier à Vendôme, et Joséphine Dunois, mon épouse, que j'autorise pour le présent engagement, reconnaissons devoir à Monsieur Jean Dumont, propriétaire à Vendôme, la somme de *douze cents francs* qu'il nous a prêtée pour les besoins de notre commerce, et que nous nous engageons solidairement à lui rembourser le premier juillet mil huit cent soixante-quinze, avec les intérêts à raison de cinq pour cent l'an, à partir du premier juillet prochain.

Fait à Vendôme, le vingt-cinq juin mil huit cent soixante-douze.   *Bon pour douze cents francs.*

  L. DESVAUX.   Joséphine DUNOIS.

RECONNAISSANCE DE PRÊT A INTÉRÊT.

Je soussigné Constant Proux, marchand à Romorantin (Loir-et-Cher), reconnais devoir à Monsieur Théophile Genty, propriétaire à Bracieux, la somme de *trois mille cinq cents francs* qu'il me prête pour six années, à partir d'aujourd'hui, et sous les conditions suivantes auxquelles je promets de me conformer : 1° D'en payer, tous les six mois, l'intérêt à raison de cinq pour cent l'an ; 2° Et de rembourser ladite somme de trois mille cinq cents francs audit sieur Genty, dans le cas où des événements imprévus lui en rendraient la rentrée nécessaire avant l'expiration des six années, au terme convenu pour ce prêt, mais sous la condition expresse que le sieur Genty me préviendra au moins six mois à l'avance, de l'intention de retirer ses fonds.

Fait à Bracieux, le premier juillet mil huit cent soixante-douze.   C. PROUX,
      marchand à Romorantin.

MODÈLE D'UNE PROCURATION POUR UN SEUL OBJET

Je soussigné Auguste Leroux, propriétaire à Joigny (Yonne), donne pouvoir à Monsieur Chauvin, négociant à Paris, de, pour moi et en mon nom, recevoir du sieur Renard, agent d'affaires à Paris, la somme de *quinze cents francs*, dont celui-ci m'est redevable, et d'en donner décharge et quittance valables.

De plus, dans le cas de refus de paiement, j'autorise ledit mandataire à poursuivre ce recouvrement par toutes les voies de droit, promettant de ratifier les mesures qu'il croira devoir prendre, et de l'indemniser de tous les frais qu'il jugera à propos de faire pour parvenir au recouvrementde ladite somme de quinze cents francs.

Fait à Paris, le trois juillet mil huit cent soixante-douze.

A. LEROUX. *à Joigny.*

PROCURATION POUR SE FAIRE REPRÉSENTER EN JUSTICE.

Je soussigné, Alexandre Petit, demeurant rue de l'Orangerie à Versailles, donne pouvoir au sieur Duclos, agent d'affaires domicilié à Paris, de, pour moi et en mon nom, comparaître à l'audience de la justice de paix du onzième arrondissement, relativement à une contestation qui s'est élevée entre Monsieur Gravier, maçon à Paris, rue de l'Observatoire, 5, et moi, au sujet du retard qu'il a mis dans l'exécution des travaux de construction d'une maison qu'il s'est chargé de faire pour mon compte, rue du Bac, n° 10, et qu'il n'a terminée que le six du mois de novembre, au lieu du vingt juin, suivant nos conventions à ce sujet: pour lequel retard j'exige un rabais de cinq cents francs sur le prix total des travaux en question: se concilier audit tribunal de justice de

paix, si faire se peut. traiter, composer. et. en cas de
non conciliation, appeler l'affaire devant les tribunaux
compétents, et constituer avoué, promettant d'avoir pour
agréable le parti qu'il croira devoir prendre, et de l'indemniser de tous les frais légitimement dûs.

Fait à Versailles, le quatre juillet mil huit cent soixante-
douze.

A. Petit.

AUTRE PROCURATION POUR ACQUISITION
D'EFFETS PUBLICS.

Je soussigné, Jean Cartier, propriétaire à Dijon (Côte-
d'Or), autorise le sieur Blot, maître d'hôtel à Étampes,
à faire acquisition pour moi et en mon nom, par l'entre-
mise d'un agent de change, d'une rente *trois pour cent*,
au cours du jour, et au capital de cinquante mille francs;
de verser audit agent le capital nécessaire provenant des
deniers que j'ai confiés au susdit mandataire à cet effet,
solder les frais et honoraires dûs pour cette opération, et
faire immatriculer à mon nom ladite rente.

Promettant de ratifier et d'avoir pour agréable ce qui
sera fait, conformément à la présente procuration, par
mon mandataire.

Fait à Étampes. le quatre juillet mil huit cent soixante-
douze.

J. Cartier.

POUVOIR POUR REPRÉSENTER A UNE FAILLITE
(Ce pouvoir sera toujours sur papier timbré.)

Je soussigné, Alexis Rimbault, menuisier à Rouen,
donne pouvoir à Monsieur Legros. huissier à Rouen, de.

pour moi et en mon nom, me représenter dans la faillite du sieur..... marchand à Rouen.

En conséquence, requérir toutes appositions, reconnaissances et levées des scellés, procéder à tous inventaires et récollements, et faire, en procédant, tous dires, réquisitions et réserves, demander la nomination de tous syndics provisoires ou définitifs, présenter à cet effet toutes requêtes, et faire tous dires et observations; faire vérifier ma créance, et en affirmer la sincérité comme je l'affirme par ce présent pouvoir; vérifier, admettre ou rejeter tous titres produits par les autres créanciers; se faire rendre compte de l'état de ladite faillite; prendre part à toutes délibérations, consentir toutes remises, accorder termes et délais, traiter, transiger, composer; à cet effet, signer tous actes, tous concordats ou arrangements particuliers; s'y opposer, même par les voies extraordinaires; remettre ou retirer tous titres et pièces; toucher tous dividendes, en donner quittance; substituer tout ou partie des présentes, et généralement faire tout ce qui sera nécessaire, quoique non prévu en ces présentes, promettant le trouver bon et l'approuver.

Fait à Rouen, le cinq juillet mil huit cent soixante-douze.

Dans le cas où le signataire n'aurait pas écrit de sa main un tel pouvoir, avant de dater et signer, il écrira ces mots : Bon pour pouvoir; *puis il datera et signera.*

Celui à qui on donne un pareil pouvoir doit écrire au bas : Certifié sincère et véritable le présent pouvoir par le mandataire soussigné; *puis il datera et signera.*

Avant de faire usage de ce pouvoir, on le fera enregistrer.

MODÈLES DE DEVIS ET DE MARCHÉ
POUR LA CONSTRUCTION D'UN BÂTIMENT.

Devis des ouvrages de maçonnerie, charpenterie, menuiserie, serrurerie, vitrerie et autres ouvrages à faire pour la construction d'un bâtiment, que Monsieur Duchâteau veut faire élever entre la maison n° 3 et celle n° 5, rue Racine, à Angers ; lequel bâtiment sera composé comme il suit :

Au rez-de-chaussée, de deux chambres avec cheminées, corridor entre les deux chambres, et ouvrant sur la cour ; ce corridor aura deux mètres de largeur, y compris les deux cloisons, et quatre mètres de longueur ; la porte d'entrée de ce corridor aura un mètre de largeur, et deux mètres soixante centimètres de hauteur, y compris l'imposte qui aura cinquante centimètres de hauteur ; les deux chambres auront chacune cinq mètres de longueur sur quatre mètres de largeur, et dans œuvre, et trois mètres de hauteur du carrelage au plancher ; chaque chambre aura une porte d'entrée qui ouvrira dans le corridor et vers le milieu de chaque cloison qui séparera lesdites chambres du corridor ; ces deux portes auront deux mètres cinq centimètres de hauteur, sur quatre-vingts centimètres de largeur ; chacune desdites chambres aura une fenêtre ouvrant sur la cour, au midi ; ces fenêtres auront un mètre soixante centimètres de hauteur, sur un mètre de largeur ; elles ouvriront à soixante-dix centimètres au-dessus du carrelage qui sera à cinquante centimètres au-dessus du niveau de la cour : elles seront établies au milieu de la largeur des chambres.

Il y aura deux caves voûtées, une sous chaque chambre, y compris le corridor, avec entrée par la cour. Le bas des caves sera à un mètre quatre-vingts centimètres au-dessous du niveau de la cour. La porte d'entrée par la cour aura un mètre soixante-dix centimètres de hauteur jusqu'au cintre de l'ouverture, et quatre-vingt-dix centimètres de largeur; elle ouvrira dans la cave qui se trouvera sous la chambre côté du couchant, et sous toute la largeur du corridor.

Un mur de refend séparera ces deux caves, et sera établi vis-à-vis et sous la cloison qui séparera le corridor de la chambre qui se trouvera côté du levant; la porte d'entrée de la seconde cave qui se trouvera sous cette dernière chambre sera établie au milieu du mur de refend; elle aura un mètre soixante-quinze centimètres de hauteur sur quatre-vingt-dix centimètres de largeur.

Ledit bâtiment aura un premier étage, composé de deux chambres et d'un corridor, comme au rez-de-chaussée; même disposition pour les ouvertures; une fenêtre sera établie vis-à-vis le corridor et au midi pour l'éclairer; elle sera établie de mêmes niveau, hauteur et largeur que celles des chambres.

Il y aura dans chaque chambre du bas et du haut une cheminée placée au milieu de la longueur de la chambre, et par conséquent, en face de la fenêtre. L'entrée de ces cheminées aura quatre-vingt-dix centimètres de hauteur sur un mètre de largeur et cinquante centimètres de profondeur; elles seront montées au niveau du faîtage de la toiture. Au-dessus de la couverture les cheminées seront maintenues par une barre de fer fixée à la charpente de la toiture. Elles seront du bas en haut entièrement construites en briques doubles et mortier de chaux et sable, et enduites en dehors avec pareil mortier; l'entrée de chaque cheminée sera encadrée en marbre gris-rose ou rougeâtre. La tablette de chaque cheminée sera aussi en marbre gris, et d'une longueur d'un mètre trente-trois centimètres, sur une largeur de trente-trois centimètres.

Au-dessus du premier étage, il y aura un grenier qui

sera carrelé, et aura un mètre de ravalement au-dessus
du carrelage. Il y aura deux lucarnes ouvrant sur la cour;
ces lucarnes auront un mètre de hauteur au carré, et
cinquante centimètres au comble, sur une largeur de
quatre-vingts centimètres.

Les pointes des pignons auront deux mètres cinquante
centimètres de hauteur, et seront terminées par un rang
de pierres de...... (*expliquer l'essence ou la provenance*),
depuis le carré des murs jusqu'au faîte du toit, de manière à former arrête ou crête, surmontant la couverture
de vingt centimètres environ.

Les murs des fondations seront établis à la profondeur
de trente centimètres en contre-bas du niveau du sol des
caves, et construits en moëllon de..... (*même explication
que ci-dessus*), avec mortier de chaux et de sable, et on
n'emploiera pour ce mortier que de la chaux hydrau-
lique, jusqu'à ce que les murs soient montés à cinquante
centimètres au-dessus du sol; les voûtes des caves seront
construites en matériaux de même nature.

Les murs des fondations auront, jusqu'au niveau du
sol, une épaisseur de soixante centimètres. ensuite cinquante centimètres réduits à quarante centimètres à la
hauteur du carré des murs. c'est-à-dire à la base de la
pointe des pignons.

A partir de cinquante centimètres au-dessus du sol,
ces murs seront construits avec du bon moëllon de.....
(*même explication que ci-dessus*). et du mortier de chaux
grasse et de sable; ils seront enduits avec pareil mortier.
et, en dedans. ils seront ensuite enduits au bouclier et
blanchies au pinceau.

Les arrêtiers des murs. ainsi que les jambages des
portes d'entrées des caves et du corridor au rez-de-
chaussée, seront faits en pierres de taille de..... (*toujours
même explication*), et les jambages, appuis et fermetures

des fenêtres, seront en pierres de..... (*même explication*).

Les cloisons des corridors seront faites en briques doubles, à plat, avec mortier de chaux et de sable : elles seront enduites au bouclier, et ensuite blanchies au pinceau.

Les planchers seront faits avec des solives de chêne ayant quatre mètres quarante centimètres de longueur sur onze à dix-sept centimètres d'équarrissage, et chargés de torchis de terre sur bardeau de chêne, et plafonnés à plâtre en dessous.

Un escalier sera établi au fond du corridor du rez-de-chaussée pour monter au corridor du premier étage, et continué de ce corridor pour monter au grenier.

Cet escalier, depuis le bas jusqu'au grenier, aura un mètre de largeur dans œuvre ; il sera construit en bois de chêne de première qualité, aux dimensions et proportions suivantes :

Les noyaux et les limons auront six centimètres d'épaisseur sur vingt centimètres de largeur. La main courante aura six centimètres d'épaisseur sur huit de largeur ou hauteur.

Les balustres ou barreaux, tournés et modulés, auront en grosseur une dimension proportionnée à celle de la main courante. Ils seront distants l'un de l'autre de quinze centimètres ; leur longueur, y compris la main courante, donnera à la rampe ou balustrade une élévation de quatre-vingts centimètres. Les marches auront trois centimètres d'épaisseur et trente de largeur : les contre-marches deux centimètres et demi d'épaisseur sur quatorze de hauteur.

Les carrelages des chambres, corridors et greniers seront faits avec des carreaux de vingt-et-un centimètres de côté, et scellés avec mortier de chaux et sable. Les carreaux seront en terre cuite et pris à. . . . . (*dire l'endroit.*)

La nature et les dimensions de la charpente du comble sont détaillées ci-après :

La couverture sera en ardoises établies sur voliges de peuplier.

Tous les bois, en général, seront de première qualité.

ARTICLE PREMIER.

FONDATIONS.

Les voûtes des caves seront faites sur noyau, et on déblayera six mois après.

Fouilles pour les fondations.

Pourtour : 34ᵐ 80 c.	Cube des fouilles. Prix : F. C.
Largeur : 0ᵐ 70 c.	48ᵐ 720ᵐᵐ
Profondeur : 2ᵐ » c.	à 0 f. 75 c. le mètre. 36 55

ARTICLE 2.

MAÇONNERIE.

Fonda-tions.	Pourtour : 34ᵐ 40 c.	Cube des fouilles.
	Profond' : 2ᵐ » c.	41ᵐ 280ᵐᵐ
	Épaisseur : 0ᵐ 60 c.	à 12 f. »» le mètre. 495 36

Voûte des caves.

Le développement de la voûte des caves est de 4ᵐ 70 c. sur 12ᵐ »» de longueur et 0ᵐ 30 c. d'épaisseur. Le cube est de 16ᵐ 920ᵐᵐ. à 12 f. le mètre 203 05

Murs d'élévation.

Pourtour : 35ᵐ 80 c.	Cube.
Hauteur : 8ᵐ »» c.	121ᵐ 680ᵐᵐ
Épaisseur : 0ᵐ 45 c.	à 12 f. le mètre 1.460 20

A reporter . . . 2.195 16

2

Report. . . . 2,195 16

Pointes des pignons.

Longueur : 4ᵐ 40 c.   ⎫ Cube.
Hauteur : 2ᵐ 50 c.   ⎬ 4ᵐ 400ᵐᵐ pʳ les 2 pointes,
Épaisseur : 0ᵐ 40 c.   ⎭ à 12 f. le mètre 52 80

Cloisons des corridors.

Quatre cloisons de 4ᵐ de longueur sur 3ᵐ de hauteur, font 48ᵐ carrés, à 3 francs le mètre . . 144 »»

Crépis et enduits sur les murs à l'extérieur.

Pourtour : 36ᵐ »» c.   ⎫ 288ᵐ carrés,
Hauteur : 8ᵐ »» c.   ⎬ à 0 f. 80 c. le mètre . . 230 40

À l'intérieur pour le rez-de-chaussée et le premier étage ; enduits au bouclier.

Pourtour : 32ᵐ »» c.   ⎫ 192ᵐ carrés.
Hauteur : 6ᵐ »» c.   ⎬ à 0 f. 90 c. le mètre . . 172 80

Plafonds.

Quatre plafonds de 5ᵐ de longueur sur 4ᵐ de largeur, font ensemble 80ᵐ carrés :

Les plafonds des corri-   ⎫
dors : longʳ ensemble 8ᵐ,   ⎪ 96ᵐ carrés, à 1 f.
largeur 2ᵐ, font un carré   ⎬ 90 c. le mètre . . 182 40
de 16ᵐ, ci . . . . 16ᵐ ⎭

Cheminées.

Les quatre cheminées, y compris leur chambranle et tablette, le tout pour . . . . . . Fr. 280 »»

ART. 3.

CHARPENTE.

Quarante-huit solives de 4ᵐ 40 c. de longueur sur 11 à 17 cent. d'équarrissage, font 3 st. 949ᵐᵐ, à 60 f. le stère 236 94

À reporter. . . . 3,494 50

Report. . . . 3,494 50

Six linteaux de 1ᵐ 50 c. de longueur sur 14 à
22 c. d'équarrissage, font un cube de 0 st. 277ᵐᵐ,
à 60 f. le stère. 16 62

Charpente du comble (BOIS DE CHÈNE.)

Quatre arbalétriers   de 4ᵐ 15 c.   —   16ᵐ 60 c.
Deux entraits   de 2ᵐ »» c.   —   4ᵐ »» c.
Deux aiguilles   de 1ᵐ 50 c.   —   3ᵐ »» c.
Six pannes   de 4ᵐ 80 c.   —   28ᵐ 80 c.
Deux faîtages   de 7ᵐ 40 c.   —   14ᵐ 80 c.
Quatre blochets   de 1ᵐ »» c.   —   4ᵐ »» c.
——————
71ᵐ 20 c.

Soixante-et-onze mètres 20 c. sur 14 à 16 c.
d'équarrissage, font un cube de 1 stère 595ᵐⁱᵃ, à
55 f. le stère. 87 72
Deux semelles de 4ᵐ 25 c. sur 8 à 16 c.
   cube . . . . 0 st. 109ᵐᵐ
Deux sous-faits de 7ᵐ »» sur 15 à 17 c.
   cube . . . . 0 st. 357ᵐᵐ
Quatre aisseliers de 1ᵐ 50 sur 10 à
   12 c. cube. . . . . 0 st. 072ᵐᵐ
Dix liens de 1ᵐ »» sur 9 à 11 c. cube. 0 st. 100ᵐᵐ
Sablières de 34ᵐ 20 sur 9 à 17 c. cube. 0 st. 522ᵐᵐ
——————
Ensemble. . . . 1 st. 160ᵐᵐ

Un stère 160ᵐᵐ, à 55 f. le stère 63 80
Cinquante-deux chevrons et 52 coyaux, formant
ensemble 234ᵐ de longueur, à 0 f. 50 centimes
le mètre linéaire. . . . . 117 »»
Bois des deux lucarnes, y compris le travail. 60 »»
——————
A reporter. . . . 3,839 64

Report. . . . 3,839 64

ART. 4.

CHARGE DES PLANCHERS ET CARRELAGES.

Bousillage et bardeau, 24^m sur 4^m, font un carré
de 96^m, à 1 f. le mètre. . . . . 96 »»

Trois carrelages, ensemble 36^m sur 4^m, font un
carré de 144^m, à 2 f. le mètre. . . . . . 288 »»

ART. 5.

COUVERTURE EN ARDOISE, GRANDE CARRÉE.

Longueur   14^m »») 100^m 80 c., à 3 f. le
Haut^r (2 côtés) 7^m 20) mètre. 302 40

Plus quatre mètres carrés pour les lucarnes. 12 »»

ART. 6.

MENUISERIE.

Une porte en chêne, de trois centimètres
d'épaisseur, pour l'entrée de la maison par le
corridor du rez-de-chaussée : hauteur 2^m 60 c. y
compris l'imposte, largeur 1^m, avec ses ferrures
et ses serrures, le tout pour. . . . . 40 »»

Cinq croisées en bois de chêne, de 1^m 60 c.
de hauteur, et 1^m de largeur (ce bois aura 3 c.
d'épaisseur pour les croisées, et 4 c. pour les
dormants), et six carreaux en verre double du
Nord, 8^m carrés, à 12 f. le mètre. . . . . . 96 »»

Quatre portes d'intérieur en bois blanc avec
chambranle, hauteur 2^m 20 c.. largeur 0^m 80 c..
font un carré de 7^m 04 c. à 6 f. le mètre. . . 42 24

Six espagnolettes, 30 fiches et 10 gaches. . 72 »»

Les deux portes des lucarnes en bois de chêne

A reporter. . . . 4,788 28

Report. . . . 4.788 28

de 3 c. d'épaisseur, hauteur 1ᵐ, largeur 80 c.,
font un carré de 1ᵐ 60 c., à 10 f. le mètre. . 16 »»

Gonds, pentures et verrous, huit francs. . . 8 »»

Cinq paires de volets en bois de chêne de trois
centimètres d'épaisseur, avec leur ferrure. . 60 »»

Escalier.

Escalier du rez-de-chaussée au grenier, trente-
huit marches, à 12 f. l'une. . . . . 456 »»

ART. 7.

VITRERIE ET PEINTURE.

Trente carreaux, à 1 f. l'un. . . . . . . 30 »»
Peinture blanc de céruse, des portes, croisées
et volets (trois couches), formant 32ᵐ carrés, à
0 f. 90 c. le mètre. 28 80
Placard pour fourneau et évier, 35 f. . . . 35 »»

ART. 8.

DÉBLAYEMENT DES CAVES.

Quatre-vingt-quatre mètres cubes, à 1 f. le
mètre . . . . 84 »»

Marches.

Marches pour l'entrée de la maison et la descente
aux caves, entre lesquelles il y aura un mur de
séparation formant sept mètres carrés de super-
ficie : 22 marches, à 4 f. l'une. . . . . . 88 »»
Mur de séparation, sept mètres, à 3 f. le mètre. 21 »»

A reporter. . . . 5,615 08

Report. . . . 5.615 08

Deux portes de caves en bois de chêne de cinq
centimètres d'épaisseur, rondes plein cintre,
hauteur 1ᵐ 70 c., largeur 0ᵐ 90 c., demi-pleines,
avec barreaux, ferrures et serrures comprises.   .   80 »»

Puits.

Un puits de dix mètres de profondeur. pompe
et bassin de un mètre de diamètre sur cinquante
centimètres de profondeur, maçonnerie au-dessus du sol et bien garnie de ciment romain.   . 220 »»

Total. . . . 5,915 08

Le présent devis estimatif montant à la somme de cinq
mille neuf cent quinze francs huit centimes a été dressé
par nous, Jean Lapierre-Mortier, maçon, et Félix
Dubois Chevillot. charpentier. demeurant tous deux rue
Neuve, à Angers (Maine-et-Loire). le vingt-deux mars
mil huit cent soixante-douze.

J. Lapierre-Mortier.   F. Dubois-Chevillot.

Les Soussignés.

Monsieur Joseph Duchâteau. propriétaire à Angers, rue
Racine, nº 5, ————————————————————d'une part:

Et Monsieur Jean Lapierre-Mortier, maçon à Angers.
rue Neuve, ————————————————————d'autre part:

Ont fait entre eux le marché suivant :

Monsieur Duchâteau désirant faire construire un bâtiment à la suite du nº 3. rue Racine. pour joindre la
maison nº 5, où il demeure, confie ces travaux au sieur
Jean Lapierre-Mortier, qui s'oblige, en se conformant au
devis ci-dessus. à faire bien et dûment. au dire d'experts
et gens à ce connaissant. tous les ouvrages de maçonne-

rie, charpenterie, couverture, menuiserie, serrurerie, vitrerie, carrelages et autres ouvrages mentionnés au devis.

Monsieur Lapierre-Mortier promet de commencer les dits travaux le dix avril prochain, de continuer avec nombre suffisant d'ouvriers, sans interruption, et de rendre le tout fait et achevé, le quinze septembre prochain, à peine de vingt-cinq francs d'indemnité pour chaque jour de retard : ne seront point comptés dans ce délai, les jours où le mauvais temps forcerait de suspendre les travaux.

Ce marché est fait moyennant la somme de cinq mille neuf cent quinze francs huit centimes, pour tous les ouvrages et fournitures, sans aucune division, et l'un dans l'autre. Sur cette somme, le sieur Lapierre-Mortier reconnaît avoir, à l'instant, reçu quinze cents francs ; le surplus sera payable à la volonté de Monsieur Duchâteau, et au fur et à mesure de l'avancement des travaux ; cependant, ces travaux étant entièrement achevés, le parfait paiement devra être effectué immédiatement.

Fait double, à Angers, le vingt-cinq mars mil huit cent soixante-douze.

DUCHATEAU.   J. LAPIERRE-MORTIER

ACHATS ET VENTES.

Vente d'une pièce de terre.

Les soussignés, Ernest Joubert, cultivateur, demeurant à Angé (Loir-et-Cher), —————— D'UNE PART;

Et Louis Deschamps, laboureur, demeurant aussi à Angé, ————————————— D'AUTRE PART;

Sont convenus de ce qui suit :

Monsieur Joubert, sus-nommé, vend, sous la garantie ordinaire de droit, au sieur Deschamps, qui accepte ;

Une pièce de terre située au lieu dit les Pépinières, dite commune de Angé, contenant quatre hectares soixante-quinze ares vingt-cinq centiares ; joignant d'un bout au nord le sieur Delavigne, du midi Monsieur Renard, du levant les héritiers Duveau, et du couchant les sieurs Brisson et Brémont.

La dite pièce de terre appartient au sieur Joubert de ses propres, pour l'avoir recueillie de la succession de feue dame Louise Rémont, sa tante maternelle, décédée à Angé, le quinze janvier dernier, de laquelle il était seul et unique héritier, ainsi qu'il le déclare.

Le dit Joubert ne garantit en aucune manière la contenance de la dite pièce de terre ; mais le dit Deschamps déclare l'accepter telle quelle est, renonçant d'avance à toutes réclamations au sujet de sa contenance.

Le sieur Deschamps est dès aujourd'hui saisi de la pleine propriété et jouissance de la dite pièce de terre. Il en paiera les contributions à partir du premier janvier prochain.

Les titres de propriété lui seront remis aussitôt le dernier paiement du prix ci-après fixé.

Il souffrira les servitudes passives de toute nature qui peuvent et pourront gréver ladite pièce de terre, et jouira de celles actives, s'il en existe : le tout à ses risques.

Les frais de transcription et de purge légale seront à la charge du sieur Deschamps.

Cette vente est faite et acceptée, de part et d'autre, moyennant la somme de *dix mille francs*, que le sieur Deschamps s'oblige à payer à Monsieur Joubert, comme suit : cinq mille francs dès que les formalités de transcription et de purge légale auront été remplies, et cinq mille francs le premier novembre mil huit cent soixante-quatorze, avec l'intérêt au taux légal, jusqu'à parfait paiement.

Les frais d'enregistrement des présentes seront à la charge du sieur Deschamps.

Fait double, à Angé, le huit juillet mil huit cent soixante-douze.

E. JOUBERT.   *Approuvé l'écriture ci-dessus.*
                                          DESCHAMPS.

VENTE DE MARCHANDISES.

Entre les soussignés : Adolphe Gérard, laboureur, à Saint-Dié (Loir-et-Cher),   D'UNE PART;

Et Paul Lebrun, marchand de grains à Bracieux (Loir-et-Cher),   D'AUTRE PART;

Il a été convenu ce qui suit :

Le sieur Gérard, sus-nommé, s'oblige à livrer, du quatre au douze septembre prochain, au dit sieur Lebrun, cent hectolitres de blé froment, de sa récolte de cette année, à raison de *vingt-deux francs* l'hectolitre; le sieur Lebrun déclarant avoir une connaissance suffisante de la qualité de la dite récolte. Le dit Gérard s'engage à voiturer à ses frais, au domicile du dit sieur Lebrun, la dite quantité de blé, pour laquelle le dit Lebrun fournira les sacs nécessaires.

Le paiement de cette fourniture de blé aura lieu immédiatement et au comptant, à la réception de la dernière livraison complétant les cent hectolitres.

Fait double, à Saint-Dié, le vingt-cinq août mil huit cent soixante-douze.

LEBRUN.   *Vu et lu :* GÉRARD.

VENTE D'UN CHEVAL.

Entre les soussignés, il a été convenu ce qui suit :

Le sieur Philippe Chevallier, marchand de chevaux à Blois, rue des Champs, n° 36, vend au sieur Amédée Renier, voiturier, rue de la Galère, n° 10, un cheval gris, âgé de six ans, hauteur de un mètre soixante-deux centimètres, prise au garrot.

Il est convenu que le sieur Chevallier livrera ce cheval au domicile du sieur Renier, le trente du présent mois, et que le dit Renier paiera immédiatement au sieur Chevallier, la somme de *quatre cent cinquante francs*, plus *quinze francs* pour nourriture du cheval, pendant les six jours qu'il restera dans les écuries du sieur Chevallier.

Il est bien entendu que le délai de garantie pour les vices rédhibitoires ne commencera que le jour où le cheval aura été remis aux mains de l'acquéreur.

Fait double, à Blois, le vingt-quatre août mil huit cent soixante-douze.

P. CHEVALLIER.   *Vu et lu.*

A. RENIER.

ÉTAT ESTIMATIF

DES BIENS MEUBLES ET IMMEUBLES DÉPENDANTS D'UNE SUCCESSION.

Le soussigné Jean Brébion, cultivateur, demeurant à...., veuf de Catherine Barou, décédée à...., le quinze avril mil huit cent soixante-douze, au nom et comme tuteur légal de : 1° Jean Brébion ; 2° Silvine Brébion ; 3° Pierre Brébion ; 4° et Joséphine Brébion, tous quatre mineurs, issus de son mariage avec la dite Catherine Barou, dont ils sont habiles à se porter héritiers, chacun pour un quart.

Déclare qu'il dépend de la communauté d'entre sa défunte épouse et lui, les objets mobiliers suivants :

1° Six chaises, une table bois blanc, deux chandeliers en fer; le tout estimé onze francs. . . . . . 11 »»

2° Trois lits complets, seize draps de lit, trois couvertures et un couvre-pieds : le tout estimé trois cents francs . . . . 300 »»

3° Une armoire, un buffet, une mets et un vieux coffre; le tout estimé cent quarante francs. 140 »»

4° Toutes les chemises et hardes de la défunte, estimées cent cinquante francs . . . . 150 »»

5° Une charrette avec ses roues et essieu, et un tombereau, sans roues ni essieu; estimés ensemble deux cent vingt francs . . . . 220 »»

6° Un cheval âgé de neuf ans, avec ses harnais; estimé deux cent cinquante francs. . . . . . 250 »»

7° Et une vache âgée de dix ans; estimée deux cent vingt francs. . . . . 220 »»

Les biens meubles s'élèvent à douze cent quatre vingt-onze francs. . . . . 1,291 »»

Dont la moitié pour la succession de la défunte, est de six cent quarante-cinq francs cinquante centimes. 645 50

Le soussigné certifie exacte la déclaration ci-dessus.

A. . . . ., le. . . . ., mil huit cent soixante-douze.

J. Brébion.

ÉTAT ESTIMATIF

DES IMMEUBLES DE LA SUCCESSION DE CATHERINE BAROU.

Biens propres de la défunte :

1° Quarante-cinq ares trente centiares de terre situés

à. . . ., commune de. . . . . estimés treize cent quarante
francs . . . . 1.340 »»

2° Et quinze ares soixante-dix centiares de
vigne, situés à. . . ., commune de.. . . ., estimés
cinq cent soixante francs. . . . . 560 »»

Biens de la communauté :

1° Vingt-cinq ares quarante centiares de vigne
en deux pièces, situés à. . . ., commune de. . . . .
estimés ensemble sept cent soixante
francs . . . . 760 »»

2° Et une maison sise à. . . .,
commune de. . . ., estimée dix-sept
cent cinquante francs. . . . . 1,750 »»

TOTAL des biens de la commu-
nauté, deux mille cinq cent dix francs. 2,510 »»

Dont moitié pour la succession, est de douze
cent cinquante-cinq francs. . . . . . . 1,255 »»

TOTAL des biens de la dite succession, trois
mille cent cinquante-cinq francs. . . . . 3,155 »»

VENTE D'EFFETS MOBILIERS.

LES SOUSSIGNÉS :

Denis Menou, clerc de notaire, demeurant rue Newe-
ton, n° 2, à Vendôme (Loir-et-Cher), ——— D'UNE PART :

Et Lucien Marceau, sabotier, demeurant aussi à Vendôme, rue de Blois, n° 9,——————— D'AUTRE PART ;

Sont convenus de ce qui suit :

Le dit Denis Menou vend et transporte au dit Lucien
Marceau, qui accepte, le mobilier garnissant le loge-

ment qu'il occupe, rue Newton, nº 12, à Vendôme, dont détail suit :

1º Une couchette en noyer, estimée trente francs . . . . 30 » »

2º Deux matelas, estimés quarante francs. . 40 » »

3º Huit draps de lit et deux couvertures en coton, estimés ensemble quatre-vingts francs. 80 » »

4º Une commode en guignier, estimée trente francs . . . . 30 » »

5º Une table en noyer, avec deux tiroirs, estimée vingt francs. . . . . 20 » »

6º Six chaises, estimées dix-huit francs. . 18 » »

7º Un bureau en bois blanc peint en noir, ayant deux tiroirs fermant à clef, et un casier dessus, estimé vingt-cinq francs. . . . . 25 » »

8º Une pendule, estimée soixante francs. . 60 » »

9º Et deux étagères, estimées trente francs. . 30 » »

TOTAL, trois cent trente-trois francs. . . . 333 » »

Le dit Marceau paiera au dit Menou cette somme de trois cent trente-trois francs, au moment d'opérer l'enlèvement du mobilier détaillé ci-dessus.

Il est convenu que cet enlèvement n'aura lieu que le quinze septembre prochain, jour du départ du sieur Menou ; jusqu'à ce moment, le vendeur continuera à se servir du dit mobilier, s'engageant à ne le détériorer en aucune façon. De plus, il s'oblige à garantir le sieur Marceau contre toutes oppositions ou réclamations relativement à ce mobilier.

Fait double, à Vendôme, le vingt-huit août mil huit cent soixante-douze.

MENOU. Vu et lu,

MARCEAU.

MODÈLE D'UNE CONVENTION SOUS SEING-PRIVÉ

RELATIVE A UNE ACQUISITION FAITE EN COMMUN.

Nous soussignés, Paul-Louis Dubois, vigneron, et Antoine Morant, cultivateur, tous deux domiciliés à Saint-Georges (Loir-et-Cher).

Sommes convenus de ce qui suit :

1° Nous nous engageons à faire en commun l'acquisition de la closerie du Grand-Ormeau, située en la dite commune, et qui est à vendre à l'amiable, moyennant que le prix total, frais et charges compris, ne dépassera pas douze mille francs ;

2° Nous fournirons chacun la moitié de la somme nécessaire à la dite acquisition ;

3° Immédiatement après avoir acheté cette closerie, nous ferons entre nous le partage des vignes et des bâtiments le plus à notre convenance réciproque. A cet effet, nous convenons dès à présent, que la maison et la portion de vigne, contenant deux hectares quarante-cinq ares, et située entre la dite maison et le chemin des Grands-Champs, sera la portion attribuée au dit Dubois; et le reste des vignes dépendantes de la dite acquisition et comprenant trois hectares, situés entre le chemin des Grands-Champs et le sentier du Grand-Clos, sera attribué au dit Morant;

4° En cas de contestation sur quelque point non prévu, nous nommons pour arbitres, moi Louis Dubois, le sieur Duval, expert-géomètre, domicilié à Saint-Georges ; et moi Antoine Morant, le sieur Legrand, vigneron à Francueil ; lesquels s'adjoindront un troisième arbitre, en cas de partage d'opinion, promettant de nous en rapporter au jugement des dits arbitres, qui sera sans appel.

Fait double, à Saint-Georges, le deux août mil huit cent soixante-douze.

A. MORANT.

Vu, lu et approuvé,
L. DUBOIS.

MODÈLE D'UNE CESSION DE CRÉANCE.

NOTA. Une cession de créance peut être écrite à la suite du titre même, ou faite par acte séparé dont voici le modèle :

Je soussigné, Claude Romien, propriétaire, demeurant rue du Gaz, n° 8, à Saumur, cède et transporte à Monsieur Alexis Prévost, négociant rue Neuve ; n° 10, à Saumur, avec toute garantie, une somme de *cinq mille francs* qui m'est dûe par dame veuve Tarnier, et qui est payable dans dix-huit mois, à dater de ce jour. En conséquence, je remets à Monsieur Prévost, sus-nommé, qui reconnaît l'avoir reçue, l'obligation de la dame Tarnier, qui constate cette créance, lui conférant à cet égard tous mes droits, et déclarant que le paiement qui lui sera fait par la dame Tarnier, vaudra comme s'il était fait à moi-même, et que la quittance qu'il lui donnera, la libèrera comme si je la donnais moi-même. — La présente cession a été faite moyennant la somme de. . . . que je reconnais avoir reçue comptant de Monsieur Alexis Prévost.

Fait double, à Saumur, le six août mil huit cent soixante-douze.

C. ROMIEN.

Vu et lu,
A. PRÉVOST.

MODÈLE D'ACTE OU CONTRAT D'ÉCHANGE.

Nous, soussignés Auguste Liébert, cultivateur, demeurant à Bourges, rue des Champs, n° 60,————— D'UNE PART ;

Et Henri Dupont, vigneron, demeurant aussi à Bourges, même rue, n° 59,——————— - D'AUTRE PART :

Sommes convenus de ce qui suit :

Moi, Auguste Liébert, cède et délaisse audit sieur Dupont, à titre d'échange, trente ares de terre situés à Frênoy, près Bourges ; joignant au nord la grande route, au levant un chemin, au midi le sieur Genet, et au couchant le sieur Robert.

Cette terre m'appartient comme l'ayant acquise du sieur Loyeau, suivant acte passé devant Me Legros et son collègue, notaires à Bourges, le trois juin mil huit cent soixante, enregistré, moyennant un prix payé comptant, ainsi que le constate mon titre de propriété.

Et moi, Henri Dupont, je cède et délaisse audit sieur Liébert, en contre-échange, vingt-cinq ares de vigne, situés au Côteau, près Bourges; joignant au nord un chemin, au levant un sentier, au midi un ravin mitoyen et au couchant ledit Liébert.

Cette vigne m'appartient comme m'étant échue en partage des biens dépendant de la succession de feu Henri Dupont, mon père, décédé à Bourges, le vingt mars mil huit cent cinquante neuf, suivant acte reçu par Mes Favereau et son collègue, notaires à Bourges, le quatre mai mil huit cent cinquante-neuf, enregistré.

Chacun des échangistes est dès aujourd'hui saisi de la pleine propriété des biens échangés : quant à la jouissance, elle n'aura lieu, pour chacun d'eux, que le premier novembre prochain.

Chaque échangiste prendra l'immeuble à lui cédé, tel et ainsi qu'il se poursuit et comporte sans aucune perfection des mesures sus-énoncées.

Chacun desdits échangistes souffrira les servitudes passives qui peuvent et pourront grever l'immeuble à lui cédé, sauf à lui, à s'en défendre, s'il y a lieu, et à profiter de celles actives, s'il en existe; le tout à ses risques.

Chacun en paiera l'impôt, et ce réciproquement, à partir du premier janvier prochain.

Les immeubles échangés ne sont grevés d'aucun hypothèque, ainsi que nous nous le garantissons réciproquement.

Le présent échange est fait et accepté de part et d'autre, sans aucune soulte ni retour.

Les frais d'enregistrement des présentes seront payés par moitié entre les échangistes.

Fait double, à Bourges, le douze août mil huit cent soixante-douze.

H. DUPONT.

Vu, lu et approuvé :
A. LIÉBERT.

BAIL DE MAISON.

Les soussignés,

Monsieur Louis Roy, propriétaire, demeurant à Orléans, place du Commerce, n° 6, ——————— D'UNE PART ;

Et Monsieur Auguste Perreau, cafetier, demeurant aussi à Orléans, rue Neuve, n° 9, ——————— D'AUTRE PART ;

Sont convenus de ce qui suit :

Monsieur Roy, sus-nommé, donne à loyer pour trois.

six ou neuf années consécutives, au choix des soussignés, qui devront s'avertir réciproquement et par écrit,
six mois au moins avant l'expiration des trois ou six pre-
mières années, qui commenceront à courir le premier
novembre prochain ;

A Monsieur Auguste Perreau qui accepte :

Une maison, sise à Orléans. rue du Marché, n° 15,
comprenant : au rez-de-chaussée, trois chambres, dont
deux avec cheminées: au premier étage. trois pièces
semblables, avec grenier dessus. couvert d'ardoises.

Cette maison est construite sur cave. et derrière il y a
une petite cour où se trouve à droite, un hangar. et à
gauche, une buanderie ; ainsi que cette maison existe
avec toutes ses dépendances; Monsieur Auguste Perreau
déclare l'avoir visitée et la bien connaître.

Ledit preneur jouira de ladite maison ainsi qu'elle
lui est louée, et en usera en bon père de famille. pendant
le cours du présent bail.

Ce bail est fait aux charges. clauses et conditions suivantes, que le preneur s'oblige d'exécuter et accomplir.
sans aucune diminution du prix ci-après fixé. savoir :

1° De garnir ladite maison de meubles et effets mobiliers en suffisante quantité pour répondre en tout temps
du loyer :

2° D'entretenir cette maison en bon état de réparations
locatives, et de la rendre ainsi à la fin du présent bail.
et conformément à l'état des lieux qui sera fait lors
de l'entrée en jouissance du preneur. et ce. à ses frais:

3° De n'y pouvoir faire aucun changement sans le
consentement exprès et par écrit du bailleur: et dans
le cas où il en serait fait. le preneur sera tenu de rétablir
les lieux. à la fin du présent bail. dans l'état où ils sont

actuellement, conformément à l'état des lieux dont il vient d'être parlé.

--

ÉTAT DE LIEUX.

Les soussignés,

Monsieur Louis Roy, propriétaire, demeurant à Orléans, place du Commerce, n° 6, —————————— D'UNE PART ;

Et Monsieur Auguste Perreau, cafetier, demeurant aussi à Orléans, rue Neuve, n° 9,————— D'AUTRE PART ;

En conséquence du bail d'une maison sise à Orléans, rue du Marché, n° 15, consenti par Monsieur Roy, propriétaire de cette maison, au profit de Monsieur Perreau, suivant acte sous seing privé en date, à Orléans, du douze août mil huit cent soixante-douze, se sont transportés ensemble en la maison ci-dessus désignée, à l'effet d'en constater l'état des lieux conformément au bail dont il vient d'être parlé, et ont procédé ainsi qu'il suit :

DESCRIPTION :

La maison dont il s'agit consiste en un corps de bâtiment donnant sur la rue, construit sur cave et composé d'un rez-de-chaussée, d'un premier étage et d'un grenier, le tout surmonté d'un comble en charpente à double croupe, couvert en ardoises, avec gouttières et tuyau de descente en zinc. Derrière ce bâtiment il y a une petite cour où se trouve à droite un hangar, et à gauche une buanderie et un cabinet d'aisance.

Le rez-de-chaussée et le premier étage sont composés chacun de trois pièces séparées, dont deux à droite, par un corridor perpendiculaire au mur de face. Au milieu de ce corridor est posé l'escalier en charpente, à noyau ouvert avec rampe de bois, conduisant jusqu'au grenier.

Détail de chaque partie.

Cave. — La porte d'entrée, en bois de chêne, ouvre sur la cour; elle est ferrée de deux fortes pentures, et elle ferme au moyen d'une forte serrure en fer. On y descend par un escalier dont les marches sont en pierres dures; trois d'entre elles sont cassées. Elle est munie de deux chantiers ayant chacun cinq mètres de longueur sur vingt à vingt-deux centimètres d'équarrissage, lesquels seront rendus dans l'état où ils se trouveront, attendu leur vétusté.

Rez-de-chaussée. — A gauche, au milieu du corridor ouvre la porte d'une grande chambre fraîchement restaurée, éclairée par deux grandes croisées sur la rue. Cette porte est en bois de chêne à chambranle; elle est garnie d'une serrure et d'un loquet en fer. Les deux croisées sont aussi en bois de chêne; elles ferment, chacune, ainsi que leurs volets dont l'état est défectueux, avec une espagnolette en fer. Elles contiennent, chacune, huit carreaux de verre dont trois sont fêlés.

Le plancher supérieur est plafonné en plâtre. Le plancher inférieur est carrelé en carreaux de terre cuite, parmi lesquels il s'en trouve huit plus ou moins cassés et fêlés. La cheminée est au fond de la chambre vis-à-vis de la porte; elle est garnie d'une plaque en fonte de cinquante centimètres sur soixante de grandeur. Le chambranle est de forme ordinaire à pilastre en marbre Sainte-Anne. La tablette est un peu écornée à gauche. Les revêtements sont en plâtre peint en marbre.

De chaque côté de la cheminée, il existe un grand placard en sapin, formant armoire : l'un à droite contient une tablette et au-dessous une tringle en fer à laquelle sont attachés cinq porte-manteaux en bois, l'autre à gauche renferme quatre tablettes.

Autour de cette chambre règne une plinthe en chêne peinte en noir ; cette plinthe est appuyée sur le carrelage et à vingt centimètres de hauteur ; au-dessus de la plinthe jusqu'au plafond, les murs sont tapissés en papier de tenture fond gris.

La porte, les volets, les croisées et les placards sont peints en petit gris, et toutes les ferrures en noir.

A l'extrémité droite du corridor ouvre la porte de la salle à manger, éclairée par une croisée donnant sur la rue, et une autre sur la cour.

Cette porte est en chêne ; le chambranle en est démonté et brisé ; elle est garnie d'une serrure usée et d'un mauvais verrou en fer. Les deux croisées se ferment au moyen d'une barre de bois qui fait l'office d'une espagnolette ; chaque croisée contient six carreaux de verre ; celle qui est sur la cour en a trois de fêlés à divers endroits : En conséquence, ils seront reçus à la fin du bail dans l'état où ils se trouveront. Les volets de chaque croisée sont neufs, ils se ferment avec une barre de fer transversale munie d'une clavette au milieu.

Le plancher supérieur de cette salle est plafonné en plâtre ; le plancher inférieur est carrelé en petits carreaux de terre cuite à six pans, parmi lesquels ils s'en trouve treize écornés ou fêlés. Les murs sont peints en granit fond brun, jusqu'à la hauteur des croisées, le reste est couvert de papier fond vert marbré. Ce papier est assez propre, mais la bordure du bas est déchirée environ d'un décimètre des deux côtés de la porte et de la croisée sur la cour. De cette pièce on passe dans la cuisine par une porte qui lui fait face. Cette porte est en bois blanc, peint en gris, garnie de deux grandes pentures et d'un loquet seulement. Deux croisées, une sur la rue et l'autre sur la cour, éclairent cette cuisine. La croisée sur la rue ferme avec deux verrous, l'un en haut et l'autre en bas; elle contient six carreaux en verre, dont deux sont fêlés; les volets en bois de chêne peint en gris, fermant avec loqueteau en haut et crochet en bas, sont en bon état. La croisée sur la cour est plus petite; elle n'a que six carreaux en verre, dont trois sont fêlés, et elle ferme également avec deux verrous dont celui du bas est mauvais; elle est munie de deux barreaux de fer scellés verticalement dans l'embrasure.

Le plancher du haut est à solives apparentes, et les entrevous à mortier de chaux et sable. Le plancher du bas est carrelé en carreaux de terre cuite, dont douze sont fêlés et écornés. La cheminée, dans l'angle du fond à gauche, est garnie d'une plaque en fonte de soixante centimètres de largeur sur soixante-dix de hauteur. Le manteau de la cheminée est construit en briques sur champ montant jusqu'à la hauteur du plancher, et appuyées sur une barre de fer. Au dessous de la petite croisée, est construit un fourneau sur lequel sont scellés six réchauds carrés de grandeurs différentes, garnis de leurs grilles, couvercles, et de leurs portes à coulisses en tôle.

Premier étage. — (Il faut décrire ici toutes les parties des trois pièces de cet étage d'une manière analogue à ce qui vient d'être fait pour le rez-de-chaussée, en distinguant toujours ce qui est cassé, usé ou défectueux, neuf ou en état de vétusté.

Passer ensuite au grenier, et toujours même détail. Enfin, terminer par la cour et décrire le hangar, la buanderie et le cabinet qui s'y trouvent.)

Attendu qu'il ne se trouve plus rien à décrire, le présent état de lieux est clos et arrêté du consentement de Monsieur Roy et de Monsieur Perreau, qui déclarent réciproquement en adopter le contenu.

Fait double à Orléans, le trente octobre mil huit cent soixante-douze.

L. Roy.   *J'approuve l'écriture ci-dessus.*
                          PERREAU.

BAIL DE TERRE.

Les soussignés, Julien Morand, propriétaire à Noizay (Indre-et-Loire),————————————— D'UNE PART;

Et Paul Lebon, cultivateur, demeurant à Chançay, canton de Vouvray (Indre-et-Loire),——— D'AUTRE PART;

Sont convenus de ce qui suit :

Monsieur Julien Morand, sus-nommés, donne à titre de bail à ferme, pour trois six ou neuf années entières et consécutives, qui commenceront à courir le premier novembre prochain :

A Monsieur Paul Lebon, qui accepte.

Savoir :

1° Trois hectares vingt-cinq ares de terre, situés au Gros-Ormeau, commune de Noizay; joignant du midi un chemin, du levant un sentier, du nord Claude Subran, et du couchant Joseph Loiseau.

2° Un hectare de vigne, situé au Coteau, dite commune: joignant du nord le grand chemin, du levant un sentier, du midi Henri Durand, et du couchant Louis Dubois.

3° Et soixante-quinze ares de pré, situés au lieu dit la

Saulaie, dite commune; joignant du nord Alexis Prout,
du levant Sylvain Chereau, du midi Pierre Ferrand, et
du couchant André Desvaux.

Tels et ainsi que lesdits immeubles se poursuivent
et comportent, sans aucune perfection des mesures
sus-énoncées, quelle que soit la différence en plus ou en
moins.

Le présent bail est fait et accepté de part et d'autre,
aux charges, clauses et conditions suivantes, que les
soussignés s'obligent d'exécuter :

1° Le preneur s'engage à bien cultiver, labourer, fumer
et ensemencer lesdites terres, en temps et saisons convenables, sans pouvoir les dessoler ni dessaisonner, et
de les rendre, à la fin de ce bail, en bon état de
culture ;

2° Il jouira de l'entier revenu desdits terrains, mais
aussi il veillera en bon père de famille à leur parfaite
conservation, et en cas d'anticipation, il en avertira aussitôt le bailleur, et par écrit;

3° Le preneur ne pourra céder son droit au présent
bail, ni sous-louer, en tout ou en partie, sans le consentement exprès et par écrit du bailleur, sous peine de
résiliation du présent bail, et de tous dommages et
intérêts ;

4° Les coûts et frais d'enregistrement du présent
bail seront payés par moitié entre le bailleur et le
preneur ;

5° Enfin, ce bail est fait moyennant la somme de *trois
cent cinquante francs,* que le preneur s'oblige à payer
annuellement au bailleur, en deux termes égaux dont le
premier aura lieu le premier mai mil huit cent soixante-
treize, et le second le premier novembre suivant, pour
continuer ainsi d'année en année, jusqu'à la fin du présent bail.

Ces paiements auront lieu au domicile du bailleur.

Fait double, à Noizay, le quinze août mil huit cent soixante-douze.

J. MORAND. *J'approuve l'écriture ci-dessus,*
P. LEBON.

FORMULE DE BAIL POUR UNE BOUTIQUE.

Les soussignés, Armand Leroy, propriétaire, demeurant rue de Versailles, nº 10, à Paris, —— D'UNE PART ;

Et Louis Raymond, marchand grainetier, rue de Provence, nº 6, à Paris, —————— D'AUTRE PART ;

Sont convenus de ce qui suit :

Monsieur Leroy, sus-nommé, loue audit Raymond, qui accepte, une boutique avec arrière-boutique et cuisine, dépendant de la maison de Monsieur Leroy, sise, comme il est dit plus haut, rue de Versailles, nº 10, à Paris, et ce, pour trois, six ou neuf années, au choix du preneur seulement, et qui commenceront à courir le premier juin mil huit cent soixante-treize.

Le présent bail est fait aux charges et conditions suivantes, que le preneur s'engage d'exécuter :

Il ne pourra sous-louer sans le consentement exprès et par écrit, du bailleur. Il ne pourra quitter ledit appartement, à la fin de la première ou de la seconde période d'années, qu'en prévenant le bailleur au moins six mois avant la fin de la période en cours, et après laquelle il voudrait sortir de ladite maison.

Faute, par le preneur, de payer, à leur échéance, les termes du prix ci-après fixé, le bail sera résilié de plein droit, après une mise en demeure non suivie d'exécution. de la part du preneur dans la huitaine.

Le preneur reconnaît avoir pris ledit appartement en bon état de réparations locatives, et s'oblige de le rendre dans le même état lorsqu'il en sortira.

Ce bail est fait moyennant la somme de *quatre cents francs* par an, payable en quatre termes égaux, dont le premier aura lieu le premier octobre prochain, le second le trente-un décembre suivant, le troisième le premier avril mil huit cent soixante-quatorze, et le quatrième le premier juin suivant, pour ainsi continuer d'année en année, jusqu'à la fin du présent bail.

Fait double, à Paris, le vingt-cinq mai mil huit cent soixante-treize.

A. LEROY. Vu, lu et approuvé.
L. RAYMOND.

NOTA. — Si le propriétaire exigeait une caution pour le bail, et si le preneur en présentait une que le bailleur accepterait, on écrirait immédiatement après le bail signé, ce qui suit :

Je soussigné,.... (mettre ici les nom et prénoms de la caution), propriétaire, demeurant rue Saint-Martin, n° 12, à Paris, après avoir pris connaissance du bail écrit ci-dessus et convenu entre Messieurs Armand Leroy et Louis Raymond, déclare me rendre garant et caution dudit Raymond, m'obligeant, dans le cas où il ne paierait pas les loyers, ou ne remplirait pas les autres obligations portées dans le bail sus-dit, à payer lesdits loyers, à remplir toutes les obligations sus-énoncées, au lieu et place du sieur Raymond, et ce, sur une simple sommation de Monsieur Leroy, propriétaire des appartements loués audit Raymond.

Fait à Paris, le vingt-cinq mai mil huit cent soixante-treize.　　　　　(*Signature*).

BAIL DE FERME.

Entre nous soussignés, Ernest Besnard, propriétaire, demeurant à Nesle, canton de Blangy (Seine-Inférieure),

— D'UNE PART;

Et Philippe Marant, cultivateur, demeurant dite commune. ——————————————————— D'AUTRE PART:

Il a été convenu ce qui suit :

Moi, Ernest Besnard, donne à titre de bail à ferme, pour douze années entières et consécutives, qui commenceront à partir du premier novembre prochain, au sieur Marant, sus-nommé, qui accepte les biens dont la désignation suit :

1° Un corps de bâtiment, composé d'une maison d'habitation, grange, écurie, étable, bergerie; ces trois dernières garnies de leur crèche et ratelier; toit à porcs, hangar, jardin potager, verger et vivier y attenant. Le tout situé au lieu dit la Grange-Rouge, dite commune de Nesle;

2° Six hectares vingt ares soixante-quinze centiares de terre, situés aux Perrières, dite commune; joignant du nord le sieur Desnoues, du levant Benoît Durand, du midi la dame veuve Delalande, et du couchant Prosper Leroux;

3° Quinze hectares trente ares de terre, situés aux Grands-Champs, dite commune; joignant du nord le grand chemin, du levant le chemin des Perrières, du midi le bois de Monsieur Renault, et du couchant les terres de Monsieur Chevallier.

4° Douze hectares dix ares de terres, situés à la Chesnaie, dite commune: joignant du nord la grande route, du levant le chemin vicinal. du midi la prairie. et du couchant le sieur Duchemin;

5° Deux hectares cinquante-quatre ares de pré, tenant à l'étang de Villiers, dite commune :

6° Et un hectare vingt-cinq ares de bois taillis, essence de chêne, situés aux Ormeaux, dite commune.

Tous ces biens sont compris dans le présent bail, sans en rien retrancher ni retenir, et tels qu'ils se poursuivent et comportent, quelle que soit la différence en plus ou en moins dans les mesures sus-énoncées, le preneur déclarant les connaître parfaitement.

Le présent bail est fait aux charges, clauses et conditions suivantes, que le preneur s'oblige d'exécuter ponctuellement :

1° Le preneur s'oblige à garnir la ferme des meubles et des instruments aratoires nécessaires pour son exploitation et pous répondre du fermage ;

2° D'entretenir les bâtiments en bon état de réparations locatives, et de les rendre ainsi à la fin du présent bail. Si par sa faute, il y avait des dégradations nécessitant de grosses réparations, ledit preneur serait tenu de faire à ses frais lesdites réparations;

3° De labourer, fumer suffisamment et ensemencer en temps et saisons convenables les terrains qu'il prend à ferme, et pour lesquels il suivra des assolements aussi productifs qu'il est possible;

4° De conserver les prés en bon état ; les étauper et les fumer lorsque cela sera reconnu nécessaire ;

5° De se conformer, pour l'aménagement de la parcelle de bois taillis, et pour sa conservation, aux usages reçus et aux prescriptions de l'administration forestière; et de laisser, lors de la coupe, un baliveau par deux ares.

6° De soigner, écheniller les arbres fruitiers du verger; de greffer les sauvageons, et de remplacer les arbres qui viendraient à mourir;

7° De convertir en fumier toutes les pailles provenant des récoltes, et de l'employer à l'amélioration du sol, comme aussi de laisser à la fin du bail tous les engrais qui se trouveront sur la ferme;

8° Le preneur trouvera, lors de son entrée dans la ferme, cent vingt-cinq quintaux de foin, et cent cinquante quintaux de paille. Il sera tenu, lors de sa sortie de ladite ferme, d'y laisser pareille quantité de foin et paille;

9° Il entretiendra en bon état les haies, clôtures et fossés, et replantera les haies vives lorsque cela sera nécessaire;

10° Il souffrira les grosses réparations qu'il y aura à faire aux bâtiments de la ferme;

11° Il jouira et usera des biens à lui affermés, en bon père de famille, et il les rendra, à la fin du présent bail, en bon état de culture. Si dans le cours de ce bail il y avait anticipation, ledit preneur s'y opposerait, et en préviendrait aussitôt le bailleur, et ce par écrit;

12° En cas d'accidents, tels que grêle, gelée, ravage des insectes et autres cas fortuits, le bailleur fera remise au preneur d'un quart du prix de fermage ci-après fixé;

13° Le preneur ne pourra céder son droit au présent bail, ni sous-louer tout ou partie des terres et bâtiments à lui affermés, sans le consentement exprès et par écrit du bailleur;

14° A défaut d'exécution des conventions ci-dessus, de la part du preneur, le bailleur aura le droit de résilier le bail, après une constatation légale de la contravention;

15° Faute par ledit preneur, du paiement du prix de fermage ci-après fixé, trois mois après l'échéance d'un terme, et après une simple mise en demeure, le bailleur pourra résilier le bail, comme il pourra aussi exiger des dommages-intérêts ;

16° Le présent bail est fait et accepté, de part et d'autre, moyennant un paiement annuel de *quinze cents francs*, payable par moitié, savoir : sept cent cinquante francs le premier mai mil huit cent soixante-treize, et sept cent cinquante francs le premier novembre suivant, pour ainsi continuer d'année en année, jusqu'à la fin du présent bail.

Les paiements seront faits au domicile du bailleur, tant qu'il habitera le canton où il demeure maintenant.

Fait double, à Nesle, le six juin mil huit cent soixante-douze.

E. Besnard.   *Vu, lu et approuvé.*

P. Marant.

MODÈLE DE CONTINUATION DE BAIL.

Nous, soussignés, Ernest Besnard et Philippe Marant, qualifiés et domiciliés comme il est dit au bail dont la teneur est ci-dessus, sommes convenus que ledit bail fait sous nos signatures privées, à Nesle, le six juin mil huit cent soixante-douze, est prorogé et continuera à avoir cours durant l'espace de trois années, aux même prix, charges, clauses et conditions y énoncées.

Fait en double, entre nous, à Nesle, le premier mars mil huit cent quatre-vingt-trois.

E. Besnard.   *Vu, lu et approuvé,*

P. Marant.

MODÈLE DE CONGÉ A UN LOCATAIRE.

Je soussigné, Auguste Lebrun, paopriétaire d'une maison sise à Tours, rue Neuve, n° 8, donne, par ce présent, congé au sieur Claude Leroux, d'un appartement situé au second étage de ladite maison. et ce, pour le premier juillet prochain. Ledit Leroux aura donc à me remettre les clefs dudit appartement à l'époque sus-dite, après avoir mis en bon état de réparations locatives, les chambres qu'il occupe au second étage de ma maison,

Fait à Tours, le dix mars mil huit cent soixante-douze.

A. LEBRUN.

ACCEPTATION DE CONGÉ.

Je soussigné Claude Leroux. ouvrier menuisier, accepte pour le premier juillet prochain, le congé qui m'est donné par Monsieur Auguste Lebrun. pour l'appartement que j'occupe au second étage de sa maison. rue Neuve, n° 8. à Tours, et m'engage à lui en remettre les clefs. le premier juillet prochain. avant midi. après avoir fait les réparations locatives.

Fait à Tours. le douze mars mil huit cent soixante-douze.

C. LEROUX

MODÈLE D'UN ENGAGEMENT D'APPRENTISSAGE.

Les soussignés.

1° Prosper Dubois. menuisier en bâtiment, demeurant à Saumur (Maine-et-Loire).   D'UNE PART:

2° Et Louis Durand. aubergiste. et dame Jules Leclerc, son épouse, qu'il autorise à l'effet des présentes, demeurant ensemble en ladite ville de Saumur. —D'AUTRE PART:

Sont convenus de ce qui suit :

Monsieur Dubois, sus-nommé, prend en apprentissage durant trois années entières et consécutives, à partir de ce jour, Alexis Durand, âgé de quatorze ans, auquel il devra enseigner son métier de menuisier, et tout ce qui y a rapport, et en outre lui fournir la nourriture et le logement tel qu'il est d'usage.

De son côté, le mineur Durand, assisté de ses père et mère, promet d'obéir à Monsieur Dubois, en tout ce que son honneur et ses devoirs le permettront ou l'exigeront, d'apprendre tout ce qui lui sera enseigné, de prendre les intérêts de son maître, de travailler uniquement pour lui ; et enfin d'agir avec zèle et probité envers Monsieur Dubois qui s'engage pareillement à le traiter comme le doit un bon père de famille.

Si une longue maladie forçait ledit mineur Durand d'interrompre son apprentissage, il serait tenu de le compléter à l'expiration des trois années par un temps égal à celui dont il aurait privé son maître pendant sa maladie.

De plus, il ne pourra s'absenter, ni aller travailler ailleurs pendant le temps de son apprentissage, à peine de quinze francs de dommages-intérêts pour chacun des mois qui resteraient à courir : ce que les sieur et dame Durand s'obligent solidairement de payer à Monsieur Dubois, le cas prévu arrivant.

Ce traité d'engagement est fait et accepté de part et d'autre moyennant la somme de *deux cents francs*, qui a été payée à l'instant par Monsieur et Madame Durand à Monsieur Dubois, qui le reconnaît.

Fait double, à Saumur, le premier mai mil huit cent soixante-douze.   DUBOIS.

Vu et lu,   *Vu et lu,*   *Vu et lu,*
DURAND fils.   DURAND.   J. LECLERC. Ime DURAND.

DEMANDE DE RÉDUCTION D'IMPOT PERSONNEL.

A Monsieur le Préfet du département de...

MONSIEUR LE PRÉFET,

J'ai l'honneur de vous exposer que j'ai été taxé pour ma contribution personnelle de la présente année, à la somme de douze francs, ainsi qu'il résulte de l'avertissement ci-joint.

Cependant, avant la confection des rôles, je n'occupais qu'un appartement de deux cents francs, ce qui ne doit donner lieu qu'à une taxe personnelle de cinq francs.

Je vous prie, Monsieur le Préfet, de vouloir bien donner les ordres nécessaires pour que soit opérée la réduction à laquelle j'ai droit.

Ci-joint la quittance du douzième échu.

J'ai l'honneur d'être, avec le plus profond respect,

Monsieur le Préfet,

Votre très-humble serviteur,

GERBAULT,

Jardinier à Chouzy.

Chouzy, le 10 janvier 1872.

DEMANDE DE DÉGRÈVEMENT DE LA CONTRIBUTION FONCIÈRE

LORSQUE LA RÉCOLTE A ÉTÉ DÉTRUITE PAR LA GRÊLE OU LA GELÉE, OU L'INONDATION, OU TOUT AUTRE CAS FORTUIT.

A Monsieur le Préfet du département de...

MONSIEUR LE PRÉFET,

Permettez-moi de vous exposer que la grêle a détruit

presque toute ma récolte, et que ma propriété ne me donnera pas même le quart du revenu ordinaire.

Ci-joint un certificat de Monsieur le Maire, constatant la perte de ma récolte.

J'ose espérer, Monsieur le Préfet, que vous daignerez prendre en considération ma position malheureuse, et que vous ordonnerez qu'il me soit fait remise de ma contribution foncière de l'année.

Je suis, avec le plus profond respect,

Monsieur le Préfet,

Votre très-humble serviteur,

LAURENT,

Cultivateur à Chouzy.

Chouzy, le 15 janvier 1872.

RÉCLAMATION SUR LA TAXE DE PRESTATION.

A Monsieur le Préfet du département du Cher.

MONSIEUR LE PRÉFET,

Je soussigné, Antoine Leconte, vigneron, domicilié à.... canton de...., a l'honneur de vous exposer qu'étant né le 4 juin 1810, ainsi que le constate le certificat ci-joint du maire de sa commune, il a atteint sa soixantième année, et qu'en conséquence, il ne doit plus être soumis à la taxe des prestations qui lui a été imposée pour l'année 1872.

Le soussigné vous prie donc, Monsieur le Préfet, de vouloir bien ordonner qu'il soit exempt de la taxe en question.

Il a l'honneur d'être, avec un profond respect,

Monsieur le Préfet,

Votre très-humble serviteur,

A. LECONTE.

Neuil, le 21 janvier 1872.

AUTRE RÉCLAMATION

SUR LA TAXE DE PRESTATION

A Monsieur le Préfet du département d'Indre-et-Loire.

MONSIEUR LE PRÉFET.

Le soussigné, Jérôme Boutin, cultivateur, actuellement domicilié à Vouvray, a l'honneur de vous exposer qu'il a été indûment imposé à la taxe de prestation dans la commune de Négron, canton d'Amboise, attendu qu'il a cessé de demeurer dans cette commune depuis le 1er novembre dernier, et qu'il n'y a aucune propriété ni établissement quelconque.

Le soussigné prie donc Monsieur le Préfet, de vouloir bien donner les ordres nécessaires pour que la taxe en question ne lui soit pas imposée.

Il a l'honneur d'être, avec un profond respect,

Monsieur le Préfet,

Votre très-humble serviteur,

J. BOUTIN.

Vouvray, le 8 janvier 1872.

DEMANDE D'ALIGNEMENT A UN MAIRE.

A Monsieur le Maire de la ville de Bléré.

MONSIEUR LE MAIRE.

Je viens de faire acquisition, dans la ville de Bléré, rue de Loches, d'un terrain sur lequel existe une vieille maison qui est inhabitable.

Mon intention est de faire abattre cette mâsure et de

construire à sa place, un bâtiment ayant façade de dix mètres, sur ladite rue de Loches.

Je viens vous prier, Monsieur le Maire, de bien vouloir donner vos ordres pour que j'aie l'alignement qui m'est nécessaire.

Je suis, avec un profond respect,

Monsieur le Maire,

Votre très-humble serviteur,

Jules ROUSSEAU,

Propriétaire à Bléré; rue de Tours.

Bléré, le 20 février 1872.

DEMANDE D'ALIGNEMENT A UN PRÉFET.

A Monsieur le Préfet du département de...

MONSIEUR LE PRÉFET,

Je viens de faire acquisition dans la ville de..., rue de..., n°..., d'un terrain sur lequel existe une maison inhabitable, mon intention est de faire abattre cette mâsure et de construire à la place un bâtiment ayant façade de douze mètres sur ladite rue de...

Je vous prie, Monsieur le préfet, de vouloir bien ordonner qu'il me soit donné alignement pour la nouvelle construction que j'ai l'intention de faire.

Je suis avec un profond respect,

Monsieur le Préfet,

Votre très-humble serviteur.

MÉCHIN ,

Épicier, Grande-Rue, n° 15.

Blois, le 10 mars 1872.

MODÈLE D'UN CERTIFICAT

DONT L'APPRENTI A BESOIN A LA FIN DE SON APPRENTISSAGE.

Je soussigné, Prosper Dubois, menuisier en bâtiment, demeurant à Saumur (Maine-et-Loire),

Certifie que le sieur Alexis Durand, natif de ladite ville de Saumur, m'a bien et fidèlement servi pendant les trois années qu'il a passées comme apprenti chez moi; qu'il est libre de tous engagements en cette qualité. En conséquence il est quitte envers moi, et il a le droit de travailler dès maintenant, partout où il lui plaira.

Je certifie, en outre, qu'il connait bien son état et peut entrer en qualité de compagnon, dans quelque atelier que ce soit.

Fait à Saumur, le premier juin mil huit cent soixante-quinze.

DUBOIS.

CERTIFICAT A UNE DOMESTIQUE.

Je soussigné, Jean Liébert, épicier à Blois, certifie que Louise Brunot a été occupée chez moi pendant cinq ans, et qu'elle s'est toujours comportée d'une manière irréprochable. En foi de quoi je lui ai délivré le présent.

Fait à Blois, le 12 juin 1874.

LIÉBERT.

AUTRE CERTIFICAT.

Je soussigné, Paul Moreau, marchand de nouveautés à Angers, certifie que le nommé Jules Desnoues, a été employé chez moi comme garçon de magasin pendant trois années, et qu'il a toujours montré autant de probité que de zèle et d'intelligence; aussi sa conduite a toujours été irréprochable. En foi de quoi je lui ai délivré le présent.

Fait à Angers, le 15 août 1872.

MOREAU.

AUTRE CERTIFICAT.

Je soussigné, Théophile Deschamps, cultivateur à Montoire (Loir-et-Cher).

Certifie que le nommé Julien Dury, natif de Marchenoir (Loir-et-Cher), a été employé chez moi comme garçon de labour pendant six ans; qu'il s'est constamment montré laborieux, actif et vigilant; qu'il est excellent laboureur, et qu'il traite les chevaux avec douceur.

Je certifie, enfin, que je n'ai eu qu'à me louer de sa conduite et de sa probité, pendant tout le temps qu'il a été à mon service.

En foi de quoi je lui ai délivré le présent.

Montoire, le 15 août 1872.

DESCHAMPS.

LETTRES DE COMMERCE.

A Monsieur F. Lepice, négociant à Nantes.

MONSIEUR.

Veuillez, au reçu de la présente, remettre au chemin de fer d'Orléans, pour être expédié par la petite vitesse :

50 kil. sucre blanc. à 1 fr. 50 c. le kilo.

25 kil. poivre en grain.

50 kil. café Martinique, bonne qualité.

Je vous prie de soigner le choix de ces marchandises, ainsi que l'emballage.

J'ai l'honneur de vous saluer.

C. MORIN,
Epicier.

Amboise. le 3 avril 1872.

Étampes, le 4 avril 1872.

1 *Messieurs E. Lange et Cie, négociants à Paris.*

MESSIEURS,

Je vous prie de m'envoyer, par le messager de notre ville, qui loge au Petit-Saint-Martin, à Paris :

6 rames de papier écolier, à 5 fr. la rame.

2 — papier coquille, à 12 fr. —

1/2 — — grand-raisin, dans les prix de 30 à 35 fr. la rame.

Joignez-y deux grosses de plumes métalliques première qualité.

Je m'en rapporte à vous, pour le choix de ces divers objets.

Vous voudrez bien me déduire l'escompte pour le paiement comptant, le messager vous soldera le montant de cet envoi, sur votre facture acquittée.

J'ai bien l'honneur de vous saluer,

H. JOUANEAU,
Chef d'institution.

Rouen, le **10 avril 1872**.

A Monsieur J. Roberton, négociant à Tours,
(Indre-et-Loire).

MONSIEUR,

Nous avons l'honneur de vous donner avis que nous avons remis hier au chemin de fer de Rouen (petite vitesse), les divers articles de votre demande du 3 courant, dont facture ci-jointe, montant à la somme de 1,257 fr. 87.

Vous voudrez bien nous couvrir cette somme en une valeur sur Rouen, après réception, sinon, nous disposerons sur vous notre mandat, sans autre avis, pour la fin de juin prochain.

Toujours à vos ordres.

Nous avons bien l'honneur de vous saluer,

LAURENCEAU et Cie.

Fabricants.

———

Blois, le 7 mai **1872**.

A Monsieur Deniau, marchand à Pontlevoy.

MONSIEUR,

J'ai reçu votre demande du 3 courant. Si je ne vous ai pas expédié les marchandises que vous me demandez, c'est qu'ayant fermé la plus grande partie de mes comptes de commune, je ne vends plus maintenant qu'au comptant. Si vous désirez recevoir ces marchandises, veuillez avoir l'obligeance de me faire une remise, soit par le messager, soit en une valeur sur Blois, pour le montant de la facture, qui est, escompte déduit, de fr. 275 46.

Si vous le préférez, je vous expédierai contre remboursement.

Donc, j'attendrai vos ordres.

J'ai l'honneur de vous saluer,

A. PHILIPON,
négociant en gros.

Amboise, le 8 mai 1872.

A Monsieur S. Legris, négociant à Saint-Etienne (Loire).

MONSIEUR,

Sous ce pli, je vous remets inclus :

1° Mon billet à fin courant sur Messieurs Honque et fils, de votre ville, de fr. . . . .   216 fr. 80 c.

2° Et un mandat à vue, sur la même maison, au 1er juin, de fr. .   314   30

Ensemble *cinq cent trente-un francs dix centimes.* . . . .   531 fr. 10 c.
pour solde de vos factures des 7 et 15 mars dernier.

Je vous prie, Monsieur, de m'en accuser réception.

Veuillez aussi en opérer l'encaissement et m'en créditer.

Agréez, Monsieur, mes sincères salutations,

T. LENOIR.

Montrichard, le 15 juin 1872.

A Monsieur E. Fardeau, négociant à Paris.

MONSIEUR,

Je viens vous prévenir que je vous envoie par le chemin de fer d'Orléans, la somme de *sept cent soixante-quinze francs quatre-vingt-cinq centimes*, formant le solde de vos factures des 6 et 18 février dernier.

Vous voudrez bien me créditer pour solde jusqu'à ce jour.

Recevez, Monsieur, mes sincères salutations,

S. BRIZON.

Bléré, le 20 juin 1872.

A Messieurs L. Pion et fils, négociants à Chartres (Eure-et-Loir).

MESSIEURS,

J'ai reçu hier votre envoi du 15 courant ;

Les 30 mètres toiles imprimées que vous m'envoyez n'offrent que des desseins passés de mode, et les 40 mètres indienne amelis ne répondent point à la qualité que j'en attendais. Les 36 mètres cotonnade sont d'une qualité très-grosse et ne valent pas le prix coté.

Enfin, le tout est d'une qualité bien inférieure aux échantillons présentés par votre voyageur, que j'avais prié de vous recommander de bien soigner le choix de ces marchandises.

Je pense, Messieurs, que vous êtes trop justes pour ne pas faire droit à mes réclamations.

Je viens donc vous demander un rabais sur votre facture, de vingt francs au moins, ce qui en réduirait le montant à 108 fr. 75 c.

Si vous acceptez cette réduction, je continuerai mes commandes à votre maison, autrement, je me verrai, avec regret, obligé de m'adresser ailleurs.

Si nous sommes d'accord, faites traite sur moi à fin courant, pour le montant de votre facture, déduction faite des vingt francs de rabais.

Recevez, Messieurs, mes sincères salutations,

J. Fillet.

Orléans, le 16 février 1872.

A Monsieur J. Philistin, négociant à Agen.

Monsieur,

J'ai reçu, le 13 courant, les deux caisses de pruneaux d'Agen, que vous m'avez envoyées; mais ayant procédé à l'ouverture de la première caisse, j'ai reconnu que les pruneaux étaient moisis et avariés; j'ai immédiatement présenté requête au président du tribunal de commerce, qui a commis deux commerçants notables pour vérifier cette marchandise.

Ayant fait ouverture de la seconde caisse, on a aussi reconnu que ce qu'elle contenait était également avarié.

Procès-verbal en a été dressé, dont copie ci-jointe.

Veuillez, je vous prie, me dire ce que je dois faire de ces deux caisses, que je garde pour votre compte.

Vous aurez à me rembourser 16 fr. 70 c., prix du port de votre envoi que j'ai payé.

J'ai bien l'honneur de vous saluer.

A. Bijon-Patin.

Lyon, le 27 juin 1872.

A Monsieur Léard, chapelier à Blois.

Monsieur,

Je vous ai fait, le 20 mars dernier, envoi de marchandises, suivant votre demande du 29 février.

Cette facture monte à 547 fr. 80 c. Je vous ai écrit plusieurs fois pour vous en demander le solde, et je n'ai reçu aucune réponse.

Je vous donne avis que je dispose sur vous, pour ladite somme de 547 fr. 80 c., en mon mandat à fin juillet prochain.

Veuillez en prendre bonne note et réserver un accueil favorable à ma signature.

J'ai bien l'honneur de vous saluer,

F. LINGUET.

Lyon, le 8 août 1872.

A Monsieur Léard, chapelier à Blois.

Monsieur,

La traite que j'ai faite sur vous me revient protestée, avec compte de retour ; ce qui en relève le montant à 573 fr. 50 c.

Je suis fort étonné de ce procédé, attendu que vous jouissez d'une réputation honorable dans le commerce.

Je vous préviens, Monsieur, que si vous ne me couvrez pas immédiatement du montant de ma facture et des frais que vous avez occasionnés, j'enverrai mes titres à un huissier, avec ordre de vous poursuivre rigoureusement.

J'ai bien l'honneur de vous saluer.

F. LINGUET.

Blois, le 12 août 1872.

A Monsieur F. Linquet, négociant Lyon.

Monsieur,

Je mérite vos reproches, j'en conviens, mais une perte considérable que j'ai éprouvée il y a peu de temps, et le mauvais état des affaires commerciales m'ont mis dans une grande gêne.

Je viens vous proposer de vous payer la somme de 573 fr. 50 c., plus les intérêts du retard, en six termes égaux, à raison de 100 fr. par mois, à partir de ce jour.

Si vous acceptez ma proposition, j'en serai très-reconnaissant, et je vous le prouverai par mon exactitude à remplir mon engagement.

Veuillez agréer, Monsieur,

Mes bien sincères salutations,

LÉARD.

Nantes, le 8 juillet 1872.

A Monsieur J. Grattier, huissier à Orléans.

Monsieur.

Créancier du sieur... marchand épicier de votre ville, qui vient d'être mis en état de faillite, pour une somme de 857 fr. 70 c., je viens vous prier de me représenter dans cette faillite. Je vous envoie à cet effet mes titres consistant en trois effets impayés, avec Bordereau de ces effets, dûment certifié. Je vous envoie aussi un pouvoir pour me représenter.

Vous donnerez ou refuserez votre adhésion aux propositions du failli, suivant les circonstances que vous apprécierez vous-même, m'en rapportant entièrement à vous.

Les opérations de la faillite terminées, vous me ferez connaître le montant de vos débours et de vos honoraires, que je m'empresserai de vous faire passer.

Recevez, Monsieur, mes sincères salutations,

L. PARDOU.
Négociant en gros, Grande Rue, nº 10.

S. M.
Poids :
2,905 k.
Voiture :
145 f. 25

LETTRE DE VOITURE.

Angers, le 3 juillet 1872.

MONSIEUR,

A la garde de Dieu, et sous la conduite du sieur Sylvain Deray, voiturier par terre, à Angers, rue Cigale, nº 9, je vous envoie dix caisses savon de Marseille. marquées comme en marge et pesant ensemble deux mille neuf cent cinq kilogrammes; lesquelles vous étant rendues bien conditionnées et non avariées, dans le délai de huit jours. Vous lui en paierez la voiture à raison de cinq francs les cent kilogrammes. et faute de vous livrer comme dessus, vous lui diminuerez un tiers du prix de la voiture.

Votre serviteur,

T. LEGRAS.
A Monsieur Lemaigre, négociant à Étampes.

LETTRE D'UN MILITAIRE
POUR DEMANDER DE L'ARGENT A SES PARENTS.

CHER PÈRE ET CHÈRE MÈRE.

Je commence ma lettre par vous présenter les nouvelles assurances de mon respect et de mon attachement. Jusqu'ici, malgré les fatigues du métier de soldat, ma santé est restée assez bonne, je désire donc bien sincèrement que la vôtre soit de même, et que tous nos parents, amis et connaissances jouissent pareillement d'une bonne santé.

J'avais pensé, mon cher père et ma chère mère, ne pas vous demander de l'argent d'ici à quelques temps; d'abord à mon arrivée au régiment, il m'a fallu payer la bienvenue. C'est de rigueur; de plus, j'ai été obligé de me payer quelques petits effets d'équipement et d'habillement, pour ne pas trop endommager ma masse, car je tiens à ce qu'elle soit toujours à peu près au complet. Tout cela a mis ma petite bourse à sec; si bien, que je vous prie de m'envoyer un peu d'argent, vous me ferez le plus grand plaisir.

Adieu mon cher père et ma chère mère, faites-moi le plaisir de me rappeler au souvenir de tous nos bons parents et amis.

Je vous remercie à l'avance de ce que vous allez m'envoyer, et vous prie de croire que je suis pour la vie.

Votre affectionné et respectueux fils.

Henri PHILIBERT,

Soldat au 15ᵉ Régiment de ligne, 3ᵉ Bᵒⁿ, 2ᵉ Compⁱᵉ, en garnison à Toulouse.

Toulouse, le 4 février 1872.

MODÈLE DE MÉMOIRES.

Monsieur. . . . . propriétaire à. . . . .   *DOIT.*

Au sieur. . . . . menuisier à. . . . .

1872		Savoir :	fr.	c.
mai.	9	Fourni 17^m 40 de planches de sapin, blanchies, pour rayons de bibliothèque, à 2 fr. 75 c. le mètre. . .	47	85
		33 mètres de moulures pour lesdits rayons, à 0 fr. 25 c. le mètre courant	8	25
		6 mètres tasseaux	1	80
		5 hectog. de clous d'épingles. . .	1	20
		4 journées d'ouvriers, à 3 fr. 75 c. l'une	15	»
		Total.	74	10

Reçu le montant du présent mémoire.

A. . . . . le. . . . . . . 1871.

(*Signature.*)

AUTRE.

Monsieur. . . . . propriétaire à. . . . .　　　　　*DOIT.*

Au sieur. . . . . maître maçon à. . . . .

Construction d'un bâtiment, à façon seulement, situé à. . . . .

			fr.	c.
1872 avril 4	Fondations.	Epaisseur : 0m 50 — Pourtour : 20m 40 — Profondeur : 0m 70 (cube des murs, 7m 140mm, à 2 f. 75 le mèt.)	19	64
	Murs d'élévation.	Pourtour : 19m 40 — Hauteur : 0m 70 — Epaisseur : 0m 40 (cube 28m 224mm, à 2 f. 75 le m.)	77	61
	Pointes de pignons.	Longueur : 4m 10 — Hauteur : 2m 30 — Epaisseur : 0m 40 (cube des 2 pointes 3m 772mm, à 2 f. 75 le mètre.)	10	37
		Un entablement en pierres tendres, à moulures simples, de 9m 60 linéaires, à 3 f. le mètre.	28	80

Cloison.

Une cloison séparant ce bâtiment en deux (briques à plat hourdées) :

		fr.	c.
Longueur : 4m 20 — Hauteur : 2m 60 (10m 92 carrés, à 0 f. 75 le mètre.)		8	19
Façon de deux cheminées en briques, Les deux ensemble		70	»

Enduits des murs, à l'extérieur, du sol au carré des murs :

Pourtour : 18m 60 — Hauteur : 3m 60 } carré 66m 95

A l'intérieur :

Pourtour : 15m 40 — Hauteur : 2m 90 } carré 44m 66

		fr.	c.
A reporter. . . . 111m 61		214	61

			fr.	c.
		Reports . . . 111^m 61	214	61

Pointes des pignons extérieur et intérieur :

Longueur : 4^m 10 } pour les 2
Hauteur : 2^m 30 } pointes, carré 18^m 86

        Ensemble. . . 130^m 47

   à 0 fr. 50 le mètre. . . . . . . | 65 | 23

Enduits au bouclier à l'intérieur, du carrelage au plancher :

Pourtour : 19^m 60 } carré 50^m 96
Hauteur : 2^m 60 }

Enduit des cloisons, 2 côtés :

Longueur : 4^m 20 } carré 21^m 84
Hauteur : 2^m 70 }

    Ensemble. . . . 72^m 80

   à 0 f. 75 le mètre. . . . . . . | 54 | 60

Charge du plancher, Bousillage :

Longueur : 19^m 60 } carré 82^m 32
Largueur : 4^m 20 }

    à 0 f. 50 le mètre. . . . . | 41 | 16

Enduits des entravous, même prix que pour le bousillage . . . . | 41 | 16

juillet 12

Carrelage :

Carrelage de la première pièce ou cuisine,

Longueur : 4^m 20 } carré 13^m 44
Largeur : 3^m 20 }

Carrelage de la chambre,

Longueur : 4^m 80 } carré 20^m 16
Largeur : 4^m 20 }

Carrelage d'une partie du grenier,

Longueur : 4^m 20 } carré 13^m 44
Largeur : 3^m 20 }

    Ensemble. . . . 47^m 04

   à 0 f. 50 le mètre. . . . . . . | 23 | 52

       A Reporter. . . . . | 440 | 28

	fr.	c.
Report.	440	28
Plus, pour construction d'un fourneau et d'un évier dans la cuisine, 1 journée et 1/2, à 2 fr. 75 par jour	4	12
Pour construction d'un poulailler, 2 journées 1/3, à 2 fr. 75 par jour.	7	33
Pour blanchissage au pinceau, avec chaux grasse et noir de fumée, des murs et cloisons des deux pièces, à l'intérieur, et du plancher en dessous, 2 journées 1/2, à 2 fr. 75 par jour.	6	87
Fourni 7 seillées de chaux grasse, à 0 fr. 30 c. l'une	2	10
Total.	460	70

AUTRE.

Monsieur. . . . . propriétaire à. . . . .

Au sieur. . . . . serrurier à. . . . .

1872		Savoir :	fr.	c.
juin	4	Fourni deux ancres pour la consolidation des murs de la cour, pesant ensemble 44 kil., à 0 f. 80 c. le kil.	35	20
»	7	Fourni une grille dormante, en fer rond, à traverses, pesant 85 kil., à 0 f. 90 c. le kil.	76	50
juillet	2	Fourni une serrure de sûreté, avec sa gâche.	11	50
		Pose de ladite serrure et de la gâche, en place neuve, à la porte de l'appartement du 1er étage. . . .	2	»
		Fourni, pour ladite serrure et gâche, 4 grandes vis et 6 pointes à tête fraisée.	»	60
		Fourni un crampon de taquet pour la porte du bûcher.	»	60
août	23	Ferré la porte neuve d'une armoire dans la chambre du rez-de-chaussée, et fourni 3 fiches à vase avec leurs vis.	3	»
»	»	Fourni et posé pour ladite armoire, un bec de canne à boucle	6	50
		Total.	135	90

AUTRE.

Monsieur. . . . propriétaire à. . . . .   *DOIT.*

Au sieur. . . . . charpentier à. . . . .

fr.   c.

1872		SAVOIR :		
mai	10	Fourni le plancher d'un étage (1er), composé de vingt-deux solives en bois de chêne neuf, de 4m 70 de longueur sur 9 à 17 cent. d'équarrissage, cubant ensemble . . 1 stre 582mm		
		Un linsoir de 1m 30 de longueur sur 16 à 18 c. d'équarrissage, cube. . 0 033		
		Deux solives de remplissage de 4m 20 de longueur, sur 9 à 17 c. d'équarrissage, cubent. 0 128		
		Onze solives de 2m 10 de longueur sur 9 à 17 c. d'équarrissage, cubent. 0 352		
		Ensemble. . 2 stres 095mm		
		Deux stères 095mm, à 100 fr. le stère.	209	50
		Fourni un poitrail, bois de chêne neuf, de 6m 20 de longueur, sur 38 à 40 cent. d'équarrissage, cube 0 stre 943mm, à 120 fr. le stère.	113	04
		Pour la pose dudit poitrail, fait trois coupements de solives d'enchevêtrures, à la scie à main, à 0 fr. 50 c. l'un	1	50
		Percé 4 trous de boulon de 45 cent. de longueur, à 1 fr. 20 c. l'un. . .	4	80
		Fourni trois cales calibrées, à 0 f. 65 c. l'une	1	95
		A Reporter.	330	79

			fr.	c.
		Report.	330	79
juillet	15	Fourni l'escalier conduisant au premier étage, composé de vingt-deux marches en chêne quartderonnées, le dit, façon demi-anglaise, à 12 fr. la marche	264	»
		Façon du plancher au-dessus de l'écurie, composé de douze solives en chêne, de 3^m 80 de longueur sur 16 à 18 c. d'équarrissage, cube . . . . . 1 stre 343mm		
		Trente solives de 2m 20 de longueur, sur 9 à 16 cent. d'équarrissage, cube. . . . 0 950		
		Ensemble. . 2 stres 263mm		
		à 20 fr. le stère.	45	25
		Fourni quatre étais en bois de chêne neuf, de chacun 3^m de longueur sur 15 cent. d'équarrissage, cube. . . . 0 stre 288mm		
		Deux couches, haute et basse, de 2m 50 de longueur sur 10 à 25 c. d'équarrissage, cube. . 0 125		
		Ensemble. . 0 stre 413mm		
		à 18 fr. le stère.	7	43
		Pour les démolitions, employé quatre journées et demie de charpentier, à 3 fr. 50 l'une.	15	75
		Total.	662	22

AUTRE.

Monsieur. . . . rentier, rue. . . ., n°. ., à. . . .   *DOIT.*

Au sieur. . . . peintre à. . . :

			fr.	c.
1872		SAVOIR :		
mars	15	Le plafond du grand salon, gratté et peint en blanc à la colle, deux couches de 4^m de longueur sur 3^m 75 de largeur, font 15^m carrés, à 25 c. le mètre	3	75
		Les deux portes, lessivées, rebouchées et peintes en couleur bois, à l'huile; deux couches de chacune 2^m de hauteur, sur 0^m 75 de largeur, font ensemble un carré de 3^m; à 0 fr. 85 cent. le mètre.	2	55
		La corniche, lessivée et revernie, de 15^m 50 de pourtour, sur 0^m 30 de développé, font un carré de 4^m 65, à 0 fr. 45 cent. le mètre.	2	09
		Les quatre croisées peintes en couleur de bois, à l'huile, trois couches, deux tons, poncées, rebouchées, de chacune 2^m 10 de hauteur, sur 1^m 20 de largeur, carré ensemble 10^m 08		
		Moins vingt-quatre verres de 50 cent. de hauteur, sur 40 cent. de largeur, font un carré de. 4 80		
		Reste. . . . 5^m 28		
		A 1 fr. 20 cent. le mètre. . . . :	6	33
		Fourni les vingt-quatre verres, à 1 fr. 20 cent. l'un.	28	80
		A Reporter. . . .	43	52

			fr.	c.
1872		*Report.*	43	52
mars	15	L'extérieur des quatre croisées peintes en gris, à l'huile, trois couches et rebouchées, produisent ensemble 5^m 28 carrés, à 0 fr. 90 cent. le mètre.	4	75
	23	Le parquet encaustiqué, frotté, de 5^m 40 de longueur, sur 4^m 80 de largeur, font un carré de 26^m 92, à 20 cent. le mètre.	5	38
		Les murs du vestibule égrenés, rebouchés, poncés et peints en marbre sur fond à l'huile, 3 couches de 3^m 20 de haut, sur 13^m 30 de pourtour, font un carré de 42^m 56, compris une couche de vernis gras, à 2 fr. 50 cent. le mètre.	106	40
		Les deux chambres de domestique, peintes en détrempe. les murs et plafonds, à 20 fr. l'une	40	»
		Dans quatre pièces, au premier étage, fait quatre contre-cœurs de cheminées, à la colle, à 25 cent. l'un	1	»
		Total.	201	05

OBSERVATIONS

Tous les sous-seings seront faits sur papier timbré, et enregistrés, pour qu'ils soient valables en justice.

On ne doit rien écrire en chiffres ou par abréviation dans les sous-seings; tous les mots écrits en entier sans surcharges ni ratures.

Si on était obligé de surcharger ou de rayer un ou plusieurs mots, il faudrait en faire mention au bas du sous-seing et avant de signer. Si donc il y avait trois mots rayés, on écrirait ceci : *Trois mots rayés comme nuls*, et ensuite on signerait.

Dans le cas où l'on aurait oublié un ou plusieurs mots dans l'acte ou le sous-seing, on les écrirait en marge, et à côté de la ligne où ils devraient être: sous ce renvoi on signe pour l'approuver, ou bien on met seulement la première lettre de son nom et son paraphe.

La personne qui n'a pas écrit le sous-seing qu'elle doit signer, écrira ceci : *J'approuve l'écriture ci-dessus*, puis elle signera au-dessous.

Quiconque ne sait ou ne peut signer, ne peut faire d'acte sous-seing privé. Aucune marque, aucun signe ne peut tenir lieu de signature.

Quand on n'a pas écrit soi-même le billet ou la reconnaissance que l'on doit signer, il faut, avant de signer, écrire ces mots : *Bon pour.* . . . .
(à la place des points, il faut écrire, en toutes lettres, la somme portée sur le billet ou la reconnaissance).

Dans les reconnaissances ou billets souscrits par plusieurs personnes, il ne faut pas oublier de mettre le mot *solidairement*, car, sans ce mot, le billet ou la reconnaissance ne serait exigible à l'égard de ceux qui l'auraient signé que pour chacun sa cote-part, et non pas d'un seul pour tous.

Toutes les fois que la dette ne porte pas d'intérêt, il n'en est pas dû ; il faut une stipulation expresse pour que le débiteur doive des intérêts. (Code civil, art. 1095).

Lorsqu'on n'indique pas le lieu où la dette doit être payée, le créancier est obligé d'aller recevoir son argent chez le débiteur. (Code civil, art. 1247).

TABLE

DES DIFFÉRENTS MODÈLES CONTENUS DANS CE VOLUME.

TOURS, IMP RÉGIONALE, AL. BOUDROT, 3, COUR DES PRÉS.